纪念叶圣陶先生诞辰一百三十周年

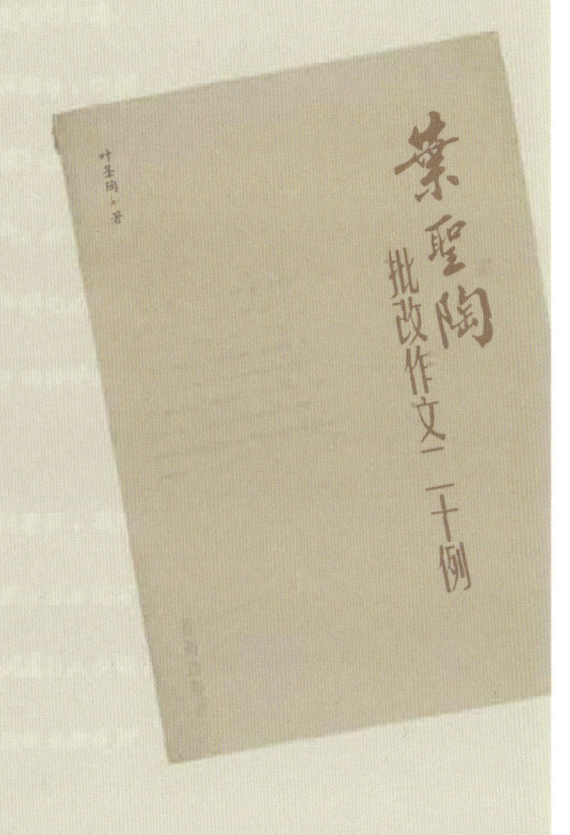

叶圣陶 叶至善 ◎ 编著

跟叶圣陶学习评改作文

开明出版社

前 言

这本《跟叶圣陶学习评改作文》是再版书,最初是 1989 年由开明出版社出版的,书名为《中小学生作文评改举例》。二十多年过去了,出版社希望再版,约我们写一个前言,为这本书的由来做一些说明。

1963 年,北京出版社的两位编辑来家里拜访爷爷,希望爷爷能为即将出版的《北京市少年儿童征文选》写一篇序,爷爷欣然接受。结果他非但写了序,还对所选入的作文作了认真的修改,写了评语。

父亲叶至善在把爷爷的改稿交给出版社之前,把他对作文的修改誊写在了另外一本初选本上。北京教师进修学院的同志们知道了这件事,就把父亲誊写下来的那份改稿借了去,用蜡纸刻印了,分送给北京市各个中小学的语文老师,用作修改学生作文的范本,据说当时颇受老师们的欢迎。正因为有了大家的这份诚心和热心,才使得这些最原始的材料得以保留至今。

1989 年,有一位有心人,带着当年爷爷修改作文的刻印本找到父亲,说像爷爷这样评改作文的实例真是太少太难得了,虽然过去二十几年了,对语文老师还是会有很大帮助的,应该出成书,让更多的老师获益。父亲仔细看过之后,同意了他的建议,用《中小学生作文评改举例》作为书名,请开明出版社出版。父亲特别说明:原来的蜡纸刻印本用两色套印,习作的原文用黑色油墨,修改和评语用红色油墨,和作文本一个模样。现在改用铅字排印,两色套印是办不到了,只好把每一面分成左右两栏,左边印习作的原文,右边印修改后的习作。对此父亲不无遗憾,说左右比照着看确实比较费力。

进入了二十一世纪，印刷技术早已告别了铅与火，来到了光与电的时代，在印刷技术上面，似乎没有什么问题是不能解决的了。开明出版社要再版的《叶圣陶批改作文二十例》，也恢复了它先前的面目，用黑红两色套印，让读者看着更直接、更方便，了却了父亲当年的遗憾，这是一件让我们感到欣慰的事情。

时隔二十多年，为什么还要再版这本书，开明出版社的同志们说，他们在仔细阅读了这本书以后认为，五十年前爷爷对文章修改的那些实例，对现在的语文老师来说，仍然是非常难得的范本。对于所有的文字工作者来说，也是规范语言文字的范本。至于说到我们，对于这本书的再版当然也抱着希望：希望学生看了之后，在造句、行文和作文上有能所收获；希望教师看了之后，为学生修改作文时能有所借鉴。我们相信，认真地读这本书，从里面是可以学习到很多东西的。

出版爷爷这样一本为孩子评改作文的书，让我们想起当年爷爷无论工作多忙，只要孩子们想见他，他都会热情接待，认真回答他们提出的问题。只要是孩子们的来信，他都会认真回复，绝不马虎。对于这本中小学生习作的出版，爷爷更是逐字斟酌推敲，花费了很多的心力和时间。作为一位教育部的副部长、人教社的社长，对待孩子们的这份诚心诚意，是值得所有教育工作者效仿的。

叶小沫 叶永和
2014 年 9 月

目 录

我总想念着一位叔叔 …………………… 张珠翔　1

我和我姐姐争冠军 ……………………… 张荔维　4

放学以后 ………………………………… 刘家放　8

霍老头 …………………………………… 梁　钟　10

金凤凰 …………………………………… 方燕燕　13

小外甥 …………………………………… 冯端昭　16

我的爷爷 ………………………………… 袁　绮　19

壁虎捉虫 ………………………………… 叶小沫　23

"古巴万岁！" …………………………… 熊家谊　26

"爱车标兵" ……………………………… 王致乐　30

花房写生 ………………………………… 李振英　34

攥煤球 …………………………………… 史　敏　37

土壤的故事 ……………………………… 孙义善　40

学打水 …………………………………… 西秀琴　44

排演场上的客人
　　——日记一则 ………………………………… 郑海发 47
在晚会上 ………………………………………… 孙丕评 50
一张画像 ………………………………………… 萧复兴 55
我的故乡 ………………………………………… 管　利 60
我最喜爱的东西 ………………………………… 余海星 66
收音机 …………………………………………… 张瑞霞 69

我总想念着一位叔叔

东栓马桩小学五年级　张珠翔

(去年冬天的)那是一个夜晚，我的喘病又发作了。喘得我透不过气来，脸一会儿白，一会儿青，全身瘫软得好像棉桃那样，没有一点力气。这真把妈妈急坏了，她决定把我送(进)医院。

漆黑的夜里，街上静悄悄的。我被母亲(她用)大衣(把我裹)围得严严的，(我)听不到车轮的滚动声和(路上的)行人的脚步声，只听见我自己急促的(地喘)气喘声，(妈妈)母亲背着我，拖着沉重的步子，向前走着……

突然，(听见响亮的问话)一个粗犷的声音传了过来："大娘，您是不是带小孩去医院看病(吗)？"接着，又听到(见)妈妈着急地的回答："是呀！"

"大娘，您就坐我这平板三轮吧！"

"那能行吗？"

"行呀！您扶好了，我慢着点蹬就是啦！"

(妈妈)(地说)母亲听了很感动："你刚拉完货挺累的，还是先回家休息

2

去吧。"

"嗳,大娘,治病救人要紧哪!"

说着,我被一双有力的手抱上了车,跟着,母亲也坐上来了,车慢慢地走着,我被母亲紧紧地搂在怀里。这时,我从大衣缝隙中模模糊糊地看到一个高大的背影,在前面蹬着车。

过了好一会儿,我隐隐约约地听到母亲讲:"同志,到啦!"

车慢慢地非常平稳地停了下来,那一双有力的大手又把我抱了下来。这时,我又听母亲说:"同志,这个……你拿去,打点酒喝吧!"

"嗐,大娘,……快,快,……看病要紧!我在这儿等您,看完病再把你们拉回家去!"

"同志,你拿着……看情况,这孩子的病是要住院呢!"

"那好,大娘您带孩子先看病去,我告辞啦!"

"嗳!你这个人真是……"在母亲的叹息声后面,我听到那清脆的车轮声，远远地消失了。

我果然住了医院。住院的那些天里，总有一个模模糊糊的高大的背影，站在我眼前，总有一个响亮的声音，萦回在我耳边。直到现在，我还想念着这位没有见过面的，不知道姓名和地址的叔叔。他那种热心帮助别人的高贵品质，永远是我学习的榜样。

只把当夜听见的话记下，已经够了，能叫人想见那位叔叔的高贵品质了。假如加写一些说明的话，说那位叔叔热心帮助别人而不要报酬怎样了不起，也没有什么不可以。不过读的人会觉得把话说尽了，味道反而淡薄了。

我和姐姐争冠军

宣武师范第二附属小学六年级　　张荔维

我和姐姐只差一岁，从小妈妈~~就~~给我们做一样的衣服，买一样的鞋~~，所以~~。不熟悉我们的人，常常说我们是双生姐妹。

后来我们~~都~~上了小学，姐姐比我高一~~年~~级。~~在~~课余~~时~~，我们经常打乒乓球，成了学校里一对有名的小球迷。

去年四月初，体育老师向大家宣布说，学校要在五一节举行一次乒乓球冠军赛，叫我们好好练习，踊跃~~地~~报名。我和姐姐听了~~以后~~，都很高兴。回家吃午饭的时候，我们顾不得放下书包，就抢着把这个消息告诉~~了~~(也)爸爸。爸爸听了很高兴，鼓励我们报名参加，还给我们规定每星期日到他学校去~~比赛~~(的)练习一次，~~爸爸~~(他)为我们做裁判，谁胜利了，谁就戴上那枚26届乒乓球赛的纪念章。

(日子过得)

很快~~的~~，学校乒乓球赛开始了。~~在~~最初的预赛中，我和姐

18—2

姐都战胜了对方。到最后争冠军(决赛的一场)时，恰恰是姐姐和我的比赛(争冠军)。

比赛(决)的那天，礼堂的正中央安放着一架(张)绿色的球台，四周坐满了人。窗户外边也挤满了很多的小脑袋。大家不住地议论着，有的说："姐姐的把握大一些"，有的说(也)："不一定，妹妹打得也很棒。"那时，体育老师在场内忙碌着，参观的老师们也都来帮着维持秩序。我看到这么多双眼睛都望着我，不由得紧张了起来，我的心也突突地跳得很厉害。

当(体育)老师叫我们进场时(立即)，全场响起了一阵热烈的掌声，我更加发慌了。试球时(的时候)，我只看见白色的小球忽高忽低，忽左忽右，地飞舞着，我只知道网子那边是姐姐，至于她穿的是什么衣服，我可(都)注意不到了。这样试了几分钟的球(才)，我的手心里全都是汗水了。

正式比赛(决)开始后，前两局我和姐姐各胜一局。第三局开始时(先)，由我发球。我发一个正手球，发一个反手球，有时(接着)连发两个长球,又发一个短球,总之,不叫姐姐摸着我的规律。碰上姐姐打了稍高的球,我就用尽力量扣杀,姐姐也毫不示弱,连连攻我的反手,还用旋转球来使我接应失误。两个人互不相让,就这样,五平、六平、八平,还好,是我领先交换了场地。四周的老师和同学们为我鼓掌,还有的喊:"姐姐妹妹双方加油呀!"

最后的战斗更加激烈了。我很小心地打着每一板,每一板都打得同时,也不放弃攻球的机会,有时姐姐打来很快很硬的球,我也推挡都把它回去了。当我以20比19领先一个球的时候,姐姐大概是忙着要追成20平,她猛然抽了一板球,我正担心对付不了这个球的时候,该我走运,这个球碰着网子出界了。在一阵热烈的掌声中,结束了我们的比赛决。

过了两天,在周会上发了校长这次比赛的奖品。我得一本个日记本,姐姐得了一个书夹子,体育老师还说了许多鼓励我们的话。

中午放学回家的时候,我和姐姐把奖品都装在书包里,我们

18——4

不约而同地说："回家让爸爸、妈妈~~来~~猜，~~我~~咱们得了什么奖品~~呢~~！"

　　这一篇写决赛那天的情形，方面相当多。观众的谈论和活动，自己的随时变化的心情和考虑，双方的专心取胜各不示弱的形势，都写得很清楚。
　　如果没有比较仔细的观察力，没有比较深切的打球经验，就做不到这样。有了观察力和打球经验，如果不能想得有条有理，不能用恰当的话说出来，还是做不到这样。

放学以后

八中初中一年级 刘家放

下课铃响过了，天还是那么阴沉沉的。同学们都忙着回家了。我想，自己家远，今天又该我做值日，等做完值日天也就晴了。"刘家放，你今天的任务是擦玻璃，可要擦干净啊。"我回头一看，原来是卫生干事陈超，他平时做什么事儿都那么认真，尤其是作值日。我随口答应了一声，舒起抹布就向窗前走去。哈，今天的玻璃还很干净，我高兴地想，一会儿就能擦完，接着就擦了起来。

一会儿，玻璃擦完了，我对正在给张连久检查地面的陈超说："快来给我检查，我还要回家呢。"他慢腾腾地走过来，把每一块窗户都仔细地看了一遍，说："不行，有好几块没擦干净，再擦擦吧。""老师又不那么仔细检查，我保证卫生得五分。"他严肃地说："一定得擦干净。"我没办法，人家是卫生委员，说到哪儿我们就得做到哪儿。

天，更阴了，开始下了小雨点。我又一次擦完了玻璃，可雨大了，风也刮起来了。我没好气地对陈超说："哼，就是你，你带伞了，我可没带。"几个在食堂吃饭的同学也嘁嘁咕咕地说："食堂六点开饭，现在都五点半了。"这时，陈超指着一簸箕没倒的土说："这儿还有一簸箕土没倒，我有伞，去倒了

— 2 —

再想办法。"说着端起簸箕打着伞走了出去。

五分钟过去了,他没回来;十分钟过去了,他还没回来。同学们都很着急,我说:"他有伞,准是自个儿溜了。""他不会这样做的,我了解他。"高征豫说:"谁不知道你们俩是好朋友……"我没往下来,可心里却说:知道你在给他作掩护。二十分钟过去了,他还没有回来。这时,连高征豫也有些怀疑了。就在这时候,突然门开了,陈超夹着好几把伞走了进来。他的腿上溅满了泥点,鞋也湿透了。大家都围上去,问他这是怎么回事。他说:"我到了土屋,就想,大家都要急着回家,可又没伞,应该想办法。我就到附近几个同学家跑去,借了这几把伞。可是这些伞只够两人用一把。"他把伞分给大家后,对我说:"家放,咱们一块走吧。"我拉着他的手,看着他腿上的泥点和湿透的鞋,说不出话来。

我们打开伞,迎着风雨向前走去!

风,还在刮,雨,还在下。

由于切盼早些回家,对陈超起了不妥当的想头,篇中都老实地叙明。至于叙陈超,一则说"他做什么事儿都很认真",再则记他当时说的话,"再擦擦吧","一定得擦干净",三则叙他借了好几把伞回来分给大家的事,可见刘家放同学其实是佩服陈超的。结尾只说跟陈超合用一把伞回去,不用多说了,佩服之外又感激又自惭,意在言外了。

霍老头

四中初中一年级 梁钟

一天，对门侯健跟我说："从胡同西口搬来了个霍老头，替大伙管土站的，唔，可傀啦！昨天倒土我就磕了个钉子，你可得小心点！""嗯嗯。"我不以为然地说。

晚上，我和弟弟小钢抬了箱炉灰敢出了家门。我们家今天卸炉子，炉灰一大箱，所以，什么单日倒脏土呀，双日倒炉灰呀，我连看都没看。

出了家门，土站还老远，我兄弟俩抬着笨重的土箱一摇一摆地朝前走，活像个大鸭子，土站越来越近了，在黄昏的昏暗光线下，一个老头正扫着土站的地。我忽然想起了侯健的忠告，心里噔噔地跳起来，硬着头皮走上去。老头转过身来，上下打量了我两眼，我也不示弱地上下瞅了瞅他，他身穿黑袄蓝裤，嘴里像嚼着什么东西，胡须一动一动的，"小孩，今儿倒炉灰吗？"他故意地问。"不知道。"小钢装出什么也不懂的样子。

"那好，告诉你们，今儿倒脏土，抬回去吧！"

"为什么不混着捅呢？"我也装着样儿搭话了。

"因为脏土去做肥料，"老人以为我不懂，竟认起真来了，"炉灰去做砖，两样——"我看老人认真的样子，觉得可乐，可是，他句句说得是理呀！我们要是随便乱倒，岂不是损坏国

— 2 —

家的利益了吗？我看了看笨重的工箱，心想就今天一次，往后绝不干了，不行吗？还是和他蘑菇蘑菇吧！于是，我又说："就今天一次，往后我再也不倒，行不行？"

"不行。你今儿个一回，他明儿又一回，咱们挨着盘儿来，还要我看土站干吗？"老头"将"住了我，可小钢还有碴儿。

"你怎么知道他们也这样呢？"

"那你怎么知道他们不这样呢？"

我想，老这话说，可是这么大老远的抬着土箱来回跑，有点受不了，就说："你知道土箱有多沉呢？"这句话似乎真有效，老头直皱眉头。最后，他忽然说："好了好了，你累我知道，这样办，让你弟弟看着土站，我帮你抬回去！"说着就和我抬起了土箱，他弯着腰，一手还托着箱底儿，走着，直喘气。我真难过，怎么能让他老人家帮我呢，但是想劝阻的话却说不出口。

到了家，他那抖动着的鬍鬚，喘着气的嘴，以及弯着腰的姿势，一直在我脑海里转呀转呀……

第二天一早，我马上跑到对门侯健家里，告诉他："霍老头真好！"

霍老头，就是这么一个坚持原则的人！

这一篇可以说把霍老头写活了，叫人觉得仿佛在哪儿见过这个老头似的。能做到这样，主要原由在于敬佩霍老头，为他的坚持原则的精神所感动。

梁钟同学这一回倒炉灰受到了教训。这样的事儿值得写，借此练习作文，又可以策励自己。

金凤凰

育才学校初中一年级　　方燕燕

我的姑姑从老家来了，在我们家里住了一个星期，明天要走了，我想送点东西给她。姑姑很喜欢扎绸条，因此我决定买绸条送给她。

午后，我放学回家后，帮妈妈把晚饭做好，就到商店买绸条去了。我一进商店的门，就有一位售货员阿姨向我打招呼，她热情地对我说："喂！小姑娘，你买什么东西呀？"我定睛一看，是一位大约二十来岁的年轻的售货员，她穿着朴素大方，乌黑发亮的大眼睛让人感到十分亲切。我走到柜台前，向里边看了看，见里边有好多绸条，我正想叫售货员给我拿，没想到这位售货员像猜中了我的心事一样，热情地对我说："要绸条吗？"接着她又逗笑似地说："两条长辫子，围扎上两条红绸条多漂亮啊！"我的脸微微地红了一下说："不，我不扎，给

1——2

别人买的。"这位售货员若有所思地"唔"了一声，马上把绸条一条一条地摆在我面前说："你看哪条好，你尽管挑吧。买回去，如果'主人'不喜欢，你再来换。"我高兴地接受了这位热心的售货员的建议，动手挑起来。不知怎么回事，挑了这条，又觉得那条好看，看了半天，也不知道到底要哪条好。真是这山望着那山高呀！

这位售货员笑盈盈地接待完了一个又一个的顾客，回头见我还站在那儿东挑挑西拣拣的，没说什么，又从柜子里取出一些绸条。我有些胆怯了，心想：我已经翻乱那么多绸条了，如果再翻，售货员会不会说我呢？我想着，不禁看了看售货员，她却微笑地望着我，热情地对我说："再挑吧！不要为难，买东西就买称心的，来！我也帮你挑。"我犹豫了一下，又开始挑了。大概是我挑花眼了吧，总挑不出好的来，还是售货员有经验，她从被我翻乱的绸条里，找出一条带花纹的红绸条来，红绸条上面有一对翠绿色镶金边的凤凰,凤凰的尾巴几乎和绸条一样长。我连忙从售货员手里接过来,付钱给她。这时售货员的脸上泛起了笑容,好像在说:"我的任务就是使顾客满意,使顾客高兴……。"

在回家的路上,我格外欢喜地想起刚才的一切,很快地到了家。姑姑不在,妈妈同她上街买东西去了。我迫不急待地掏出才买的红绸条,啊!那金凤凰像活了似的,立在那儿,好看极了,跟那位售货员阿姨一样,招人满心喜欢。满心赞美。我想:凤凰本来是很稀少的,然而今天,在我们阳光灿烂的祖国天空中,却到处飞翔着这样美丽的金凤凰。生长在我们这金凤凰世界的新中国多么幸福啊!

　　回答说绸条是给别人买的,挑来挑去不知道到底要哪条好,到后来有点儿不好意思再挑了。这些地方都是写心理,相当细。
　　全篇目的在写那位售货员可敬可爱,这个目的可以说达到了。

小外甥

女十一中初中一年级　　冯端昭

我有一个小外甥，他还不到两岁，圆圆的脸，大脑袋，非常淘气。一穿上厚厚的棉衣，跑起来像一个皮球在地上滚，特别好玩。

有一次，小外甥学邻家的孩子在地上爬着玩，弄得满手是泥，妈妈和姐姐看见了立刻让他自己到脸盆那儿去洗手。他最讨厌洗手洗脸，所以站在地上，紧闭着嘴，用询问的目光看着我们，好像在说："我不洗手行吗？"妈妈说："乖孩子，手脏了就要洗。用脏手拿东西吃，该肚子痛了，快洗干净来吃饭。"小东西好像明白了似的，走到脸盆边，蹲在地上，模仿着大人的动作洗起来了。

第二天放学，我到家放下书包就要吃馒头，不料小外甥看见了，他大喊一声："姨姨没洗手。"并皱起眉头认真地把我

2—2

拉到脸盆那儿。全家人都哄笑起来，弄得我张口结舌很不好意思，一句话也说不出来。妈妈说："你看，对孩子的教育多重要，他那么小都记得住洗手，你以后也要注意呀！"我不好意思地点了点头。

一天，我正在做功课，小外甥看见我手中的钢笔硬要舔，我给他解释说："这不能玩，姨给你一把尺吧。"他又摇头又甩胳膊："不要，不要……哇！"正说着就唱起"花脸"来。妈妈看见了，对大家摆一摆手，大家就若无其事地各做各的事儿。小外甥很精明，他才不肯费力气哭呢，他只是用手捂着眼睛，断断续续地哼着，还不时地指从手缝中偷看大家，是不是被他的哭声惊动了？他的"花脸"这个角色演成功了吗？小东西把目光从妈妈身上移到姐姐身上，一会儿又朝我这边看了移到我身上。我竭力不让自己笑出声来。他把大家扫视一遍，觉察到得并不成功，一看并没有得到支持，就也不闹了，自己拉着小汽车玩去了。以后当我再一次摆开"书摊"要做功课时，小外甥只看了看我，就走开了也不要玩钢笔了。

小外甥不满一岁~~时~~<ins>的候</ins>就会说话了~~。~~，大人说话时，他总仰起脸，用充满稚气的目光看着大家，嘴也喃喃地跟着大家动~~，~~，并且有不少口水从嘴里流出来。小外甥还喜欢听故事，给他讲什么小白兔啦，小老鼠啦，他听~~起来~~<ins>都</ins>津津有味<ins>得</ins>~~，~~。只要大家教他唱过的歌，他都会唱，一些民间歌谣<ins>也</ins>唱得一字不漏。真是个聪明的小东西。

~~那天，我对姐姐说，我们英语学到第十课了，还学会用英语念"毛主席"呢。我念了一遍，小外甥耳朵真长，他听了立刻跑到我面前说："不对！"紧接着喊："毛主席万岁！"他认为我跟他不一样，念错了。姐姐说："这是英语。"他也一本正经地说："不好听。"小东西真聪明！~~

　　小外甥的行动和神态都写得细，写得活，原由在看得细，说得准。
　　洗手这个事，要舒钢笔这回事，都含有教育孩子的道理，前一回事还有戒勉自己的意思，这样取材值得称赞。

我的爷爷

女六中初中一年级　袁 琦

"砰！砰！砰！"一阵敲门声把我从睡梦中惊醒，我急忙披上衣服跑出屋。寒风夹杂(带)着雪花迎面扑来，吹进脖领里冰凉冰凉的。我边跑边想：这么早谁来了，况且今天又是星期天。

我开门一看，是一位素不相识的小姑娘，脸冻得红红的，手里提着一个不大的水桶。

"你找谁？"

"我找管水站的人。"她也许看(是)我家离水站近就找到这儿(我家来了)。

"我家不管水站，有什么事吗？"

"水管子冻了，放不出水来。"

"什么？管子冻了！"突然背后传来话声(爷爷在我)(说。)，我扭头一看，是爷爷，他什么时候来的呀！爷爷(他)边扣扣子边走出门，一直走向水站，嘴里不(还)不住地说："这管水站的老张头，怎么搞的！"

4—2

爷爷看了看水管子,对小姑娘说:"你先回去,一会儿再来。"

他走回家,对奶奶说:"管子冻得很厉害,要用开水烫。"

他说着,不住地搓手。

奶奶说:"你别管了,现在就这一壶开水,一会儿还得做饭,又是礼拜天,好容易休息一天……"

爷爷听到这,更急了,说:"不行,天这么冷,一会儿冻得更厉害了。"他就提起那壶开水走出院子。

奶奶呆呆地站在窗前,望着空中飘着的雪花。"哗!哗!哗!"炉子上的水壶开了,奶奶转过头对我说:"把这壶水给你爷爷送去。"我愣了一下,才提着水壶走出院子。

"爷爷,再给你一壶开水!"

"你真是'及时雨',一壶水刚用完。"

"烫开了吗?"

"还没有。"

我走到管子跟前，龙头早被爷爷卸下来了，从那里可以把水灌进去。我眯着一只眼，凑近一看，里面黑洞洞的，像个无底洞，还不时地往上冒凉气。

爷爷的眉毛上、鹤子上都是小水滴，身上落了一层雪。雪花仍在飘落着。

"你这壶水是从你奶奶那儿抢来的吧！？"爷爷放下水壶，用铁棍捅了捅管子说：

"才不哪，是奶奶让我送来的。"

"你奶奶的思想……"

"看，这是什么？"她捧着一盆开水走出来，"这不是又给你送来一盆，倒进去，准烫开。"

真的，这盆水起的作用真大，管子一下烫开了。爷爷把龙头安上，水立刻从龙头里哗哗地流了出来。

这时雪渐渐停了，东方隐约现出一片阳光。突然传来通

4—4

通、通的跑步声，那位小姑娘来了。爷爷高声地喊道："管子烫开了，来接这第一桶水吧！"当清凉凉的水流到桶里时，爷爷愉快地微笑了。

　　这一篇写各人的话和状态、动作，写天气和水管子，都用简笔，好比绘画方面的速写。爷爷把公众的事看成自己的事，就在这幅"速写"里表现出来了，不用再说什么了。

壁虎捉虫

女二中初中一年级　叶小沫

住在叔叔家的几天里，每晚七、八点钟的时候，大家都到院子里去乘凉。院子里墙壁上的灯亮了，招来了很多小飞虫，也招来了几只捉小飞虫的壁虎。每晚我总要抬起头来看这几只壁虎，看它们怎样捉虫。

它们把腹部紧贴在墙壁上，四只脚慢慢儿移动着朝前走。每只脚都有五个脚趾，每个脚趾上都有一个吸盘，吸住墙壁。脚趾叉开，看上去极像爬山虎的脚。它们的头尖尖的，略成三角形。不知道壁虎我没有见过它们的嘴是什么样的，因为它们的嘴总靠着墙壁，看不清。壁虎有一对很小的眼睛，我想这一定是非常灵敏的眼睛，不然壁虎会饿死的。壁虎还有一条又长又细的尾巴，爬行的时候尾巴左右来回摆动。壁虎身上披着一层细小的鳞片，颜色有深有浅，很好看，因为是天然形成的花纹吧。

17—2

看它们捉虫就更有趣了。有时它们趴在墙壁上，静静地一动也不动，像用一块小小的水泥贴在墙壁上似的。停在墙壁上的飞虫就在它身边来回爬着，它们却装得做连看也没有看见似的，抑制着自己，仍然一动也不动。聚集到它身边来的飞虫越来越多了，有几只竟自己送到壁虎的嘴边，这时候壁虎才用极快的动作把头颈脖子一伸，然后又极快地缩回去。如果在这时候你眨一下眼，会觉得它根本没动，只是看不见在它身边的那只飞虫了。它仍像先前一样一动也不动，等着第二只、第三只和更多的飞虫自己送到它嘴边来。（另行起）有时候壁虎的头灵活地转动着，朝四处看，看见大一些的飞虫，便不再等飞虫自己送到嘴边来了。它们用最快的速度朝这只飞虫爬去，在离距尺把远的地方忽然停下来，然后极慢极慢地向前这只飞虫爬去，不仔细看，根本看不出它在移动。后面的尾巴在这时候却左右乱摆。我想它很聪明呢，知道尾巴在身后，小虫不会看见发现，就得意地动摆起来。好久，好久，我等得都心急了，它总算爬到了。又用那绝妙的捉虫技术，把这只飞虫吞吃了。接着又朝另一个目标爬去了。一次，雪白的墙壁上有一个小污点，引起了一只壁虎的注意。它错认为这是一只飞虫，在它看来这是只不小的飞虫了，它像捉大虫那样，做了一番努力，做得又细致，又规律，花了很多的时间，也没有一点点破绽，但等他伸出头去，知道自己受骗了，就使劲地将头一摆，生气地走开了。我想，它们定是一种没有脑筋的动物，因为没过多久，它又去了，同样耗费了很多精力，结果还是一样。我觉得可笑，笑了好久。

它们天天来这里捉虫，一个夏天真不知要吃掉多少飞虫。现在它们怎样了呢？我想仍和从前一样快活吧。只是我没有再去看他们了。

仔细观察某种东西把看到的和想到的写下来，这是练习作文的好办法。仔细观察成为习惯，对各方面的学习都有好处，不仅在作文方面。作文方面的好处是显然的，至少可以切合实际，少说空话。

在"古巴万岁!"(大使馆门前)

四中初中二年级　　熊家湘

风呼呼地吼叫着,冷得刺骨。但,我们每个人心里却都燃烧着熊熊的烈火,雄壮的队伍一直涌向古巴大使馆。

一条条鲜艳的红领巾,像一团团跳动的通红的火焰,一张张脸不知是被红领巾映照的呢?还是怎么的?也是那么通红通红的。我们挥舞着古巴国旗,手挽着手,唱着《国际歌》,高喊呼着"古巴西,洋基诺!"我们的心早已经飞到了那英雄的国家。

我们知道,古巴人民勇敢!

古巴你们是屹立在加勒比海上的巨岩,风刮不动,浪击不倒,无论什么样的危险也没能使古巴你们动摇一下。

美帝国主义的那些雇佣军,飞机、军舰、大炮、机关枪,一样也不缺,一样也不少。他们像一群饿狼,磨着牙,凶恶狠狠

5—2

地扑上了这块红色的土地。古巴人民用步枪、用拳头、用革命的思想——七十二小时就把这群狼给彻底歼灭了。古巴人民真勇敢！他们狠狠地一拳，把帝国主义打出了原形——它确确实实是一只貌似凶恶而一打就垮的纸老虎！

我们一想到古巴革命，就想到在地理课上学过的：拉丁美洲是个很多火山的地方，就想到英雄的古巴已经像火山一样喷出了冲天的烈焰，在美帝国主义的"后院"燃烧起来了。

我们一想到英雄卡斯特罗从七枝步枪开始闹革命的情景，就想到毛主席说的那句话："星星之火，可以燎原。"就想到全世界的所有火山也将要一齐爆发起来。

我们中国的少年儿童也时时刻刻都在关心着英雄的古巴。

我们每天都要静静地伏在收音机旁，收听古巴人民胜利的捷报；我们每天都要仔仔细细地读报，看看古巴人民雄伟的照片上英姿。我们每天都要唱古巴歌曲，唱《七·二六颂歌》，唱《哈瓦那的孩子》……。

今天，美帝国主义妄想用"经济封锁"来围困古巴，我们来抗议美帝国主义的暴行，支持我们的古巴战友。

尽管天冷、风紧，我们的心却都是滚热滚热的。

这时，队伍已经到了古巴大使馆门前。我们的步伐像一个人似的走得那样整齐，鲜艳的红领巾在胸前飘着，我们觉得自己像战士走上了战场似的，一样。我们高呼着响亮的口号："古巴西，洋基诺！古巴西，洋基诺！……"

大使馆门前的古巴同志挥舞着古巴国旗，和我们一齐高呼："古巴西，洋基诺！"

队伍前进着，忽然，一位古巴同志插进了我们的队伍，和我们的同学手挽着手，共同挥舞着一面古巴国旗……我们激动极了，和古巴同志一起呼着口号，把口号喊得响，喊得更响，喊得更响。我们觉得这声音震得天在动，地在摇。我们觉得这声音一直冲上那高高的天空，穿过千重山，万道河，穿过波涛汹涌的大海（太平洋），响彻在加勒比海，响彻在整个世界。古巴战士一定听到了，他们的枪一定握得更紧；古巴人民一定听到了。他们的砍蔗刀一定挥得更快，更有力；美国强盗和反动派也一定听到了，他们一定给吓（浑身）吓得发抖！

我们看到前面，我们的校旗；兄弟学校的校旗；工人的旗帜；更多的是，每个人手里都紧握着一面灿烂的古巴国旗！

现在，古巴同志，我们所有的人，心里都冲出了四个红光闪闪的大字"古巴万岁！"

这一篇通体是激昂慷慨的调子，末一节末了三句话用了六个"一定"，振奋的情绪达到最高潮。熊家谊同学参加了这一回游行，心里有深切的感受，才能写得比较充实，没有空泛的话。

"爱车标兵"

四中初中二年级　　王致乐

我上了汽车，径自朝着车前头走去。这是我的习惯，因为前边不挤，还可以看到车外的景物。刚站定，我就觉得这车好像是在哪儿见过，你看，汽车的发动机盖干净得发亮，发动机盖旁边乘客最容易踩到的地方，都用小木板裹了起来。我越看越觉得这车我是样的熟悉。我到底在哪儿见过呢？我不禁细细地打量了旁边那个司机几眼：那司机脸上布满了皱纹，嘴角边留了两撇小胡子，眼睛炯炯有神。这个司机又是在哪儿见过呢？

汽车喇叭"笛——笛——"地响了两声，我抬头一看，原来前边有个骑自行车的。同时，我无意中看见司机右边的玻璃上印着的"爱车标兵"四个鲜明的红字。啊！原来是他呀！这四个字使得我回想起一个月前的一天。

离上课只有几十分钟了，我匆忙地骑起早点就离了家。一

6—2

上车，我就觉得这俩车与旁的车不同：玻璃窗擦得闪闪发亮；乘客的座位也都擦拭得很干净；发动机的盖子上的漆一点也没掉，红灿灿地发着光；尤其是乘客最容易把漆踩掉的地方都用三合板护着起来。这些都使人立刻感到司机是个勤快的人。

我倚着司机座旁边的支柱吃起早点来。一边吃，一边掉渣子，都落到发动机盖子上面。因为我一直朝前看，所以没觉察到这些。车停住的时候，司机转过脸来，和蔼地说：“小朋友，请注意，不要把渣子掉在机盖上。"我一听是说我，脸立刻红了。司机回过脸后，我仔细地看了他那几眼：司机是他大约五十多岁的人了，黑黑的瘦瘦的脸庞，上面布满了皱纹，嘴角边留着两撇倔强的小胡子，眼睛炯炯有神。这时，司机回过头来候他，看见我尴尬的样子，又和缓地说：“小朋友，你换个地方吃吧！"我不好意思地换了个地方。那司机顺手他拿了一块抹布，轻轻地把拂去渣子了。

车子拐弯了，我两手紧紧地拉住把手，身子却不由得随车倾斜了。我知道这是离心力的作用，于是，拉着把手<del>又</del>我又（故意地晃）悠了几下。"喂！小朋友，把手经不住悠幌，当心摔倒着啊！"司机头也不回地说。喝！又是那个司机，他真爱管闲事。但我知道自己不对，也就没说什么。没想到车刚进站，他就说<del>那司机唠叨</del>开了："小朋友，你看看，那把手才有两个螺丝，你那么一悠幌不是一边吃，一边晃悠，稍不小心，摔倒可不轻啊！"<del>危险么！</del>"他那关心乘客、爱护车辆的热心情，和他那以诚相见的态度，真使人心里热烘烘的。我感到睢了睢把手，真的！把手只~~有两个螺丝跟车顶联结起来，而且一头已经坏过，只是被铁丝~~结实地捆好才没掉下来。

前面是红灯，车<del>子</del>等了好一会儿，我抬头一看，红灯灭了，车子也开动了。<del>也</del>正在这时候，我忽然发现司机右边<del>的</del>玻璃上印着四个鲜红的美术字："爱车标兵"。这四个字使得我内心起了很大变化，司机的一言一行，都<del>被</del>我深深地理解了，并且这四个字的来龙去脉也似乎清清楚楚地展现在我的眼前。我忽然发现，领会到这样的意思，

6—4

老司机爱车，是因为他深深地热爱着乘客的缘故。

"笛——笛——"的喇叭声，把我从回忆中唤了回来，车还在急驶，我看着"爱车标兵"这四个鲜明的红字，忽然觉得这四个字越来越鲜明火红，最后，和司机那颗赤红的心一样了。

这一篇先说上了汽车，觉得汽车和司机都很熟悉。随后看见玻璃上"爱车标兵"四个红字，才引出一段回忆。回忆完毕，只说"觉得这四个字越来越鲜明火红了"就完篇了。
假如去掉第一节和末一节，先说第一回遇见那位司机的事，就比较完整，比较干净。
如果第二回遇见还有什么值得说的事，就不妨照这一篇的结构形式。不过写汽车写司机还得避免重复。

花房写生

二十二中初中二年级　李振英

当同学们乘着汽车飞奔颐和园春游的时候，我却独自来到了中山公园。

我迈着轻快的脚步进了中山公园。园里十分清静，古老的松柏树下，有许多练武术的人。虽然有些树木都才吐新芽，但是榆叶梅已经开满枝头了，牡丹刚刚生出了一寸多长的芽子，清凉的晨风从脸上拂过去，真舒服呀！

我只顾欣赏周围景物，不知不觉地便来到了"唐花坞"前面。我还没进门，迎面就吹来一阵清香。"唐花坞"里面的花，种类很多，但尽是些小盆簇生的，十分不便于写生。于是，我围绕每盆花挑选了半天，都感到无法取材。

最后，我只得在一株"朱顶红"旁边站下来，摊开画具，一笔一笔地画起来。

7—2

别看这并不是什么了不起的事,但只有亲身经历过的人,才会知道:最初学习写生,很容易选择的角度不合适,就是不知道从哪儿下笔。

最主要的毛病还是怕旁人看见笑话。在画的时候,你那里难免有人看的,画得不好都会有人要说几句评论的话,特别是在你初次学习写生的时候,画得总不会太好,说不定有人在旁的时候嘲笑几句,这时你要沉住气,不管旁的,仔细观察,认真下笔,画起来才能越画越熟练。

因为我有这样的经验,所以,不管旁边有多少人,我只当我一个人在那里那样,脸也不红,两眼盯住那一株花的,把它各部分都仔细地勾画出来,然后涂出明暗,仔细地对照实物,再作适当加以修改的,就可以了。

我画完了一张全株的写生构图,又补充了两张单个的花头,一正一侧,这些都是进行创作时的很好的参考资料。

~~就这样~~ 接着，我又画了四五张。时间不早了，轻松愉快地 ~~跑上了归途。~~ 离开"唐花坞"。

~~在回家的路上，我总觉得今天虽没到颐和园去，但在这里写生也很有意义！~~

初学写生的经验说得比较真切。
"不管穿的，仔细观察，认真下笔，才能越画越熟练，"学写生的确是这样，还可以推到学作文方面。如果"仔细观察，认真下笔"能成为习惯，记叙文就容易写好了。

攒煤球

景山学校初中二年级　史　敏

星期天是休息、娱乐的假日，大人们都要带着自己的孩子出去玩玩或看电影。可是这个星期天，在我家里却又迥然不同了。星期天成了我们全家劳动锻炼的日子。

当东方刚刚显出鱼肚色的时候，妈妈就起床给我们做饭。跟着爸爸也起床了，最后起床的是我和弟弟。我们起床以后就开始劳动。这个劳动是按年龄大小由爸爸分派的，有的扫院子，有的擦桌子。但是这个星期天却还有一件较重的活，要趁这个晴朗的天气做完。你猜得到么？不！是一定猜不到的。这个较重的活就是攒煤球。因为夏天到了，保持和做好环境卫生就更为重要，可是在我家的房门旁边，有一堆平时用剩下的煤末，堆在那儿很不好，所以就决定星期天来攒煤球。

紧张的劳动开始了。妈妈负责给我们和煤末，我们就负责擞。我以前认为擞煤球有什么了不起的，反而觉得很好玩，一会儿一个"球"就出来了，跟做玩艺儿似的。可是今天当我在烈日下擞煤球时，开始劲还很足，还直要跟着弟弟们来竞赛，心眼里简直就看不起他们，觉得他们无论怎样也不能赛过我。过了一段时间，太阳光照得更强了。我心里暗暗地骂着太阳，为什么偏偏今天这样与我为难？"因为我平时很少参加锻炼，尤其是在阳光下进行劳动，所以力气慢慢地小了。但当我一看到妈妈爸爸和弟弟，还是那样起劲地干着，他们的汗水顺着脸流了下来的情景时，我的劲就又来了。在我们的辛勤劳动下，煤末堆渐渐地小了，没有了。我们看到用自己的双手擞的煤球整齐地排列在院子里时，心里都有说不出的愉快。

通过这次擞煤球，我也受到了不少的教育，并且有深刻的体会。过去我在倒煤灰的时候，常常就懒得去用手扒一扒，把没烧透的煤块拣出来，认为反正拣一点也顶不了大事，就常常忽视了这点。以前，当我看到地上有一个煤球妨碍我走路，不去将它拾起，就踩着它走过去了，自己心里一点也不觉得可惜，反倒觉得没有什么。可是这次我却深深地体会到一个煤球的来之不易，便我更加珍惜劳动人民的劳动果实，因而就更加积极地参加和热爱体力劳动，以达到为国家积累财富和锻炼自己的目的。

（修改后：忽视了这点。以前，当我看到地上有一个煤球妨碍我走路，不把它拾起来，就踩着它走过去了，自己心里一点儿也不觉得可惜。经过这回劳动，我懂得一个煤球得来不易，便我更加珍惜劳动人民的劳动果实，并且乐于参加和热爱体力劳动了。）

　　亲手攒煤球，付出辛劳，感到愉快，开始懂得珍惜劳动果实，这些都说得坦率而自然。

　　第三节里说开头只当是玩儿，到后来才知道攒煤球也得加劲努力，这是真经验。第四节里说往常不很爱惜煤块煤球，含有认为不对的意思，这是真自觉。练习作文选用这样的材料，就容易写得比较好。

土壤的故事

大兴县青云店中学初中三年级　　孙义善

每当我走在田野里,面对着满眼黑褐色的田地,闻到土壤散发出的那股清香的时候,不禁感情激动起来,于是这土壤的故事就出现在我的脑海里。

原来我们这一带村子的地,大部分是盐碱沙洼。这里头碱地要数是最坏的了。到秋天,地面上留下一层霜也似的白碱。大伙发愁地望着这颗粒无收的坏地束手无策。

我记得,在我刚记事的时候,祖父就对我说:"好孩子,用心念书吧,念好了书,离开这块穷地方;咱这儿,就是老鼠也吃不肥。"

我还记得,上小学的时候,学到了土壤,老师要我们采集几种土壤的标本来。第二天,我书包里放着碱土,衣袋里装着沙土和粘土,一心想得到个改良土壤的好法子。老师果真讲了改良

9—2

沙地的办法，是把地表层的沙翻下去和下边粘土混合起来。于是我像得了宝贝一样，回到家里，一口气告诉爸爸。爸爸说："这个法，早用过了。解放后，咱分了地，政府就告诉了这办法。可是一春又一秋，才深翻了二分地。"这些话就像泼在我头上的冷水。我想，要有孙悟空的本领多好，吹一口仙气就成了。

后来，高级社成立，人们组织到一块，力量集中了，我们村的坏地也就随着高级社的成立改变了。特别是人民公社化以后，变得更大。

那是一九五八年秋天的一个傍晚，突然街上传来"拖拉机来了！"的欢呼声。全村的男男女女、老老少少都朝着隆隆响着的拖拉机那儿奔去。

当晚，拖拉机就开始了工作。我们不顾飞沙打脸，跟在拖拉机的后面。有个老大爷笑容满面，一会儿说："这家伙，一个来回就是一丈多宽！"说完又猫下腰，叉开两指量一量，道："哈哈，足足有两锹深。这下子，该死的沙子再也甭想出头露面了！"

几百亩的沙地，只用十几天的工夫全部深翻。这样耕作了两年，沙地总听被制服了。

在进行深翻搀土的同时，公社党委领导我们修河道，挖沟渠，从村南七里的小龙河里引来了水。在碱地上种上了水稻——水稻是不怎么太怕碱的作物。现在我学了农业技术课，才知道这叫做"种稻洗盐法"。

土壤改变了，田野换上了新装，一块块不同的庄稼拼织在一起。秋天，地里的景色更是美得出奇：成熟了的高粱的红穗子在风中摇晃，谷子被沉甸甸的金黄色的穗子低下头……，只有白薯的蔓叶还是绿油油的。

土壤改变了，大伙的生产搞得火红，生活也提高了。我们到底摆脱了旧社会那心酸伴着泪水的苦日子。

9—4

我们爱改良的土壤，更爱毛主席和共产党，因为毛主席和共产党才真正是我们生命的土壤！

这一篇就土壤的变化表明合作化公社化的伟大力量，说的全是自身的经历，故而见得亲切。末一节出于真感受，不是硬加的结尾，故而有余味。

学 打 水

通县二中初中三年级　　西秀琴

我们村头的井上安着辘轳。用辘轳打水很方便，吱呀吱呀地几下子就把水打上来了。可是我不会用辘轳打水，每天挑水都得半蹲在井台上，一把一把很费力地用绳子往上提。

我多么想学会用辘轳打水呀！我央求过妈妈好多回了，可是妈妈偏不让我学。她说女孩子不能干这种活儿。她又说："你不知道，张大妈的大孙女儿不就是让辘轳把脸打肿了吗？差点儿掉到井里去吗！你还要学打水！"我听了有点儿怕，可是心里老惦记着这件事。

一天，我瞒了妈妈偷偷地挑着水桶来到井边，恰巧打水的柳罐正在那辘轳绳上吊着。多么难得的好机会呀！我忙把水桶放在一旁，满怀信心地学着别人的样子，把水斗放下井去。水斗到了井底总是浮在水面，水进不到水斗里去。我就又学着别人摆罐的

16—2

样子来回摇动辘轳把，水斗果然扣倒了，灌满了水，我两手紧紧地握住辘轳把开始往上绞，使尽全身的力气，才把水斗绞到了井口，可怎么拎水斗呢？我的手都不够用了，有心去拎水斗吧，又就得放掉辘轳把。我急得出了一头汗，心咚咚地跳起来。又大又沉的水斗好像故意和我为难，拼命往下坠。我想把它慢慢地放下井去，可是力气已经用完了，胳膊发抖了。我屏住呼吸，紧紧压住辘轳把，眼盯着那条水斗，浑身都冒了汗。

"真胆大呀，秀琴！"我被这突然的声音吓了一跳，抬头一看，连忙说："哦！生产队长，快来帮忙吧！"队长帮我把水斗拎了上来，我的心才像一块千斤重石落下了地。"初次打水可真不是滋味呀！"我自言自语地说。队长见我学活心切，就从头到尾把打水的方法教给我。原来秘密在这里：下水斗的时候要用手托着辘轳头，身子往左侧闪，要免辘轳把打着得被，拎水斗的时，动作要快，左手一拎水斗，右手赶紧松绳子，绳子在上不然辘轳绕得那么紧，水斗就拎不上来，人也(还)有被拽下去的危险。

学会打水可真方便啊！我心里有说不出的高兴。我要把这件事告诉妈妈，并且表演给她看。以(往)后我还要学会更多的农业技术，做一个新型农民。

第三节写放下水斗灌满了水，绞起来到了井口没有办法拎，情节很清楚，还写出了当时的心情。
第四节写队长教的打水的方法就嫌不够清楚。没见过用辘轳打水的人读了"放下水斗的时候……人还有被拽下去的危险"三句，不会彻底明白究竟是怎么一回事。而作文写任何事物，就在于使没见过的人彻底明白究竟是怎么一回事。再说这一篇主要写"学打水"，打水的方法没写清楚，不能不说是个缺点。

排演场上的客人
——日记一则

十三中初中三年级　　郑海发

今天上午，我们连(演)排活剧《英雄小八路》。戏进行到第七场的时候，门突然打开了，少年宫的同志和(陪着)一位外国客(宾)人走了进来。于是，戏便停止了。我们热情地鼓掌欢迎外宾的到来(特地来参观的)。

(一听说这位外宾)当我们知道站在我们面前的，就是当年参加攻打蒙卡达兵营的古巴女英雄梅耳巴的时候，(我们)大家都感到很意(喜出望)外。掌声越加热烈，呱呱呱地好像要把房顶冲破似的。我们一个个高兴极了，(彼此)互相(关照)小声说："哎，咱们好好演啊！让古巴(女)英雄也看看咱们英雄小八路的精神。"

可是要知道，我在戏里不是演英雄，而是演(我扮演的)一个阴险凶恶的特务。我(平时)很喜欢扮演反派角色，然而今天，来了这样一位不寻常的"观众"，我却不愿意(扮)演(真)了。我多么想和别的同学换换，(扮)演(个)带劲儿的英雄啊！

10—2

这时，辅导员说了一声"开排"。戏从刚才停下的地方开始了。不知怎的，开始我怎么也进入不了角色。我竭力把注意力集中到戏里，可是还是开小差。我偷眼看了梅耳巴大姐姐一眼，哎呀！她怎么这样厉害呀。两只眼睛愤怒地直视着我。随着剧情的发展，梅耳巴大姐姐的面部表情不断变换着。忽而愤恨，忽而高兴。当特务的假面目被戳破了的时候，她高兴地半坐了起来，两手紧握成拳头，好像要扑过来，也要参加这次战斗似的。

戏顺利地演完了。梅耳巴大姐姐高兴得了不得。她一面热情地赞赏着，一面亲切地拍拍这个同学的肩膀，摸摸那个同学的脸蛋，还把扮演小明的同学抱了起来，可就是不理我。我心里嘟囔着：

"多委屈人呀！他们认真演了，我也认真演了。对他们那么热情那么好，对我却这样……"不知什么时候，梅耳巴大姐

姐笑着走到我面前,一只手拉着我的手,一只手抚摸我的头,用生硬的中国话说:

"你演得很好,真像个'坏蛋'!"顿时,梅耳巴大姐姐的鲜明浓厚的阶级感情感动了我,激动的泪花以眼眶里涌了出来。

梅耳巴大姐姐现在要走了。我们多么舍不得她走啊!多么希望想和她多待会儿,请她讲讲古巴,讲讲菲德尔,讲讲古巴小朋友……临走前她拉着我们的手热情地说了些话。我们只听懂了三个字:"毛泽东"。可能她是说:"要好好学习,把毛泽东的好孩子吧!"瞧着她那蓝莹莹的眼睛,我们会意地点了点头。

一向喜欢扮演反派角色,这会儿却不愿意扮演了。开排的时候竭力注意,思想还是开小差。见梅耳巴不理睬,感到委屈,受到梅耳巴的称赞,就感动得流泪。这些都是当时的真情实感,都从钦慕这位女英雄而来。

难得的会见,当时的这些真情实感,的确值得写一则日记,留作纪念。

在晚会上

二十六中初中三年级　孙丕评

舞台上的幕徐徐地拉开，这已经是"二十六中文艺汇报演出晚会"的第九个节目了。这时，我的心怦怦地直跳，因为下一个节目便是我的独唱。我这是第一回上台表演呀，心里怎么能平静下来呢？

想起我刚接受这个演出任务时，百般推辞，怎么也不答应。因为我一站在台上，就连那平时背得滚瓜烂熟的课文，也会慌得想不起半句来。可是，尽管我左说右推，也没推开，还是答应了。但我也和舞台监督讲了个条件——歌，只唱一个，多一句也不唱。

幕，又缓缓地拉开了，那么稳重。我望了望那天鹅绒的幕布，走上了前台，心里想："我要能像幕布那样沉稳就好了。"我没有敢望台下，两眼盯着天花板。开始唱了。起初，歌

11—2

声里夹杂着只有我自己才能听得到的颤音，但慢慢地不那么紧张了，我一股劲地唱下去。……完了一首歌。

幕刚一落下，我便跑回后台，一屁股坐在椅子上。这时，台下还隐隐地传来鼓掌的声音。想到刚才那紧张的情景，我松了一口气，自言自语地说："演出的任务可算是完成了！"我合上了眼皮，休息起来，心里还不住地为自己暗暗庆幸呢。

忽然，从台下传来了一阵乱嘈嘈的声音，台上也都乱了起来。怎么回事儿？我一睁开眼，咦？四周是一片漆黑。噢，没电了！这下可糟了，节目怎么进行呀？下边的节目又都是些话剧，舞蹈什么的，这会儿，舞台监督更是手忙脚乱，四处催节目；问有没有什么小演唱之类的节目，先演一下，等来了电，再演话剧和舞蹈。但是，演完节目的人都已经走了，加什么节目呢？舞台监督终于又找到我的头上来了。

"孙丕评，再唱几首歌，行么？"

"我？……"

"唱吧，不然观众们就得干等着！"

我一听他那焦躁、哀求的声音，差点儿笑出来。还没等我回答，只听报幕员对观众们说："同学们，请不要乱。下一个节目是：独唱。……"我知道，再推辞也没有用了，就又硬着头皮回到了舞台中央。

唱什么呢？事先根本就没准备呀？对了，前几天不是教班上的同学们唱古巴歌曲么？对，唱这样的歌曲，同学们准爱听。我咽了口唾沫，先唱了一支《我生在哈瓦那》。这支歌是刚学会的，唱得本来就不太好，再加上台下鸦雀无声，我更觉得自己唱得不好了。可是出乎我的意料之外，歌刚唱完，台下就响起了热烈的掌声，在掌声里还夹杂着"再唱一个！""再来一个！"的欢呼。于是我又唱了第二支歌《中国古巴在一起》。

不知是因为受到了鼓励，还是因为有了经验，这时，我一点儿

11—4

也不紧张了，而且唱得比平时还要起劲。唱完这支(首)歌，我正不知道该再唱什么，舞台监督悄悄走过来(,)拍了一下我的肩膀说：

"孙玉评，带着大伙儿唱《七·二六颂歌》吧！"

"我们朝着一个理想进军。……"

我刚唱出了第一句，台上的同学就(们)都跟着唱了起来，不一会(儿)，台下的同学们也唱起来了。顿时，战斗的歌声汇成了巨浪振荡着整个礼堂……。

一会儿，灯亮了，在大家激昂的歌声中亮了！节目又可以照常进行(表演)了！同学们高兴得手舞足蹈。

这时我也兴奋极了，急忙跑到了(回)后台，同学们一见我，都拉着我的手说："太好了，太好了！要没有你这一手，咱们的晚会非砸锅不可，真得谢谢你！"

我说："谢我？咱们不都是为了大伙能(儿)过得愉快吗？"

又一个同学说："不单(但)是保证了晚会的正常进行，还为明天支援古巴的游行练了新歌呢。"

我们都快活地笑了~~起来~~。

~~这会儿，台上正在演话剧《肯尼迪现形记》。我真想去帮他们演，原先那怕上台的毛病，也不知道飞到哪儿去了。我的心情不知怎的，比平常任何时候都松快。~~

~~晚会的节目一个个地往下进行着，好像刚才并没有发生什么事儿似的，但我的心却总也平静不下来。~~

~~这是一次多么有意义的晚会啊！~~

第一回上台表演的心情，停电时候越唱越带劲终于全场合唱起来的情景，都写得相当好，叫人读了觉得有余味，值得细细体会。

生活中间可以写的事儿本来很多。挑那印象比较深的写，就容易写好。感受不深的，了解不透的，勉强要写就写不好。这一篇写得相当好，就因为在晚会上唱歌是孙丕评同学印象比较深的一件事。

一 张(幅) 画 像

二十六中初中三年级　　萧复兴

开学了。第一节课是几何。那站在门口,手里时着大三角板和大圆规的王老师,就是我们的新班主任。他那魁梧的身材,黧黑的面孔(脸),粗粗的眉毛,简直就(叫人)看不出他是教几何的,我越看他倒越像《新儿女英雄传》里的"黑老蔡"。

上课了(铃一响)(走进教室,),他挺直了腰板望了望大家,然后鞠躬让大家坐下,满都是军人的风度。说不定这真是个复员军人呢,看样子,他一定挺厉害。

哼,管他厉害不厉害,反正我上课的"小癖好"谁也干涉不了。不瞒你说,我上课的"小癖好"(时候)就是爱涂涂抹抹,染染(点儿什么。)画画的。差不多教过我们的老师都在我的本子上"留了影"了。今天又见到"黑老蔡",我的手早痒痒了,于是我便马上在(就抓起铅笔)(课本的包书纸)几何书皮上画了起来。

12—2

半堂多课，"黑老蔡"讲的什么，我一点也没听见，可却画出了一张很有风趣的画像——那"黑老蔡"骑在战马上，手里挥舞着大三角板和圆规，口里还不住地呐喊："冲啊，向几何进军！"

画完后，我递给同桌小强看，还不停地给他讲着。谁知，看得正带劲，忽然背后伸出一只手把画给夺走了。我生怕让老师瞧见，就急忙说："别闹，别闹，回头再让你开眼……"我刚一回头，哎呀，糟糕！原来夺画的正是王老师。

我立刻紧张起来，心就像刚上岸的鱼"扑腾、扑腾"一个劲儿地跳。我看见他的粗眉紧皱着，像拧成了一股黑绳。我的心在打鼓，想："大祸要临头了，这顿'斥儿'就挨定了！"

忽然他又把画放下，望了望我，只轻轻地笑了一声，像开玩笑似的说："画得不错啊，不过是个'相似形'，我的胡子可没那么长。"说完走回讲台前就又泰然自若地讲起课来。

过了几天，小强突然告诉我，王老师叫我到数学教研组去。我以为准是要挨"斥儿"了，没料到王老师见我来了，就笑着问我："你喜欢画画，是吗？明天开家长会，请你负责把教室里的黑板美化一下，好吗？""好！"我立刻答应了，让我画画，又不是让我证什么"两角相等"，干嘛不呢？

一直画到晚上，总算把黑板布置好了。我把黑板四周画了花边，靠右边画好，左边又画了两个少先队员手里捧着两簇鲜花，就像在欢迎家长似的……这时王老师走进来，他看了看黑板，不住点头称赞说："不错，不错，这画画得满够味儿，就是头部大了点儿。人身和头部的比例是6∶1，你看这两个孩子，都快像跳大头娃娃舞的了。"说得我的脸顿时上一阵热得通红，心跳得也厉害起来。

王老师和我一块儿回家。在路上，他从班上的小事情一直谈到国家的大事情，谈到今天，也谈到明天，最后他不时地问我："你长大了想做什么？想做个画家吗？"他见我不回答，就

12—4

又接着说:"我跟你一样,也喜欢画画,尤其是人像。爱,明天上午开完家长会,下午你到我家来,咱们一起研究研究,好吗?""好。"我被他的兴致勾引起来。我兴奋地望了望王老师,看见他笑得那么亲切。"明天下午一定来,顺便带着几何书!""……"我激动得不知向老师说什么。一阵凉爽的晚风吹来,吹得我心里甜滋滋的……。

第二天早上,我温习完了功课,画了张王老师的全身像。下午我带着几何书和那张画,跑到王老师家,看见王老师一个人在桌旁画着什么,我就轻轻地叫了声:"王老师"。王老师见我来了,高兴地说:"看,今天我也忙上了,来,看我画的这张主席像怎么样?"我走过去,呵,这张毛主席像画得真好,仿佛毛主席正对我微微笑着。下面还写着几个字:

送给萧复兴同学:

希望你记住毛主席的话:好好学习,天天向上!

王志斌

"送给我的？""嗯，送给你的，怎么样？""太好了！王老师，我也送给您一~~张~~幅！""好啊，什么画？"我把画递给~~了~~他。王老师望着~~那张~~我的画像，眼睛眯成~~了~~一条缝，说："~~这张~~画得真像我啊！"接着又像半开玩笑半认真地说："那一~~张~~幅呢，你把几何课本的色书纸去掉了怎么没带来？一块送给我吧！"说得我的脸顿时臊得~~通红~~……上火辣辣地一阵热。

这一篇写的全是具体事实，从具体事实中透露出对王老师的敬爱。萧复兴同学如果没在这几件有关画画的事儿上深受感动，就不能写得这样亲切自然。

我的故乡

呼家楼中学初中三年级　管利

我~~夹杂~~挤在下火车的人群里，顺着宽阔平坦的大马路，往赤河县城走去。~~我远远地望见，在赤河县城~~西门外，停着一辆红色的大汽车。我紧走几步，才看清汽车门口站着一位年轻的售票员，~~正在~~他向这边的人群招手，嘴里喊着："去三角镇的同志，请这边上车！"我一惊，怎么，有~~汽~~车可坐了？我加快脚步，走到汽车跟前，不放心地问那位售票员："是到三角镇去的吗？""是！"他这肯定的回答，~~逐去~~消除了我的惊疑。我上了车，找靠近窗口的~~地方~~座位坐下，心想，这五十里地不用~~我走~~步行了。真没想到，~~也~~~~有汽车通到~~我的家乡了。

前几年~~的~~暑假，回家~~时~~，下了火车，只好步行，到家都得天黑。现在可美了呀！我很兴奋。可~~又~~是转念一想，城东那条河上根~~本~~没有桥，~~难道~~莫非汽车还得摆渡，那可麻烦了；再说，河东

13—2

是一片十几里方圆的大沙滩，汽车怎么走呀！一个个疑问在我的脑子里盘旋，我纳闷了。这时，汽车已经开动了。

出了赤河县城的东门，我迫不及待地凝视着车外。汽车缓缓地爬上个高坡，忽然在我的眼前就望见一幅动人的水彩画。一条宽宽的大河横在画的前面，河水浩荡往流，一直消失在远方的地平线上。一座灰色的大桥在河西上到河东，连接了河的两岸。桥上，人马车辆川流不息，整个画面显出一片生气蓬勃的景象。

汽车爬上大桥，我把头伸出窗口，其实，我知道这样做是不应当"不合法"的，但为了看看这个巨大的工程，为了看看自己故乡建设的飞跃发展，也不顾得那些了！我看着碧蓝碧蓝的河水，听着河流水冲击桥墩时发出的哗啦哗啦的声音，真想叫汽车停下来，让我好欣赏个够。然而，一个个的水泥桥栏柱在我的眼前一掠而过，终于汽车又在马路上奔驰了。啊！谜解开了，原来是这样：河上修了大桥。公路穿过了荒沙地带。

汽车顺着笔直的马路向东驰去。扑入我的眼帘的，是条绿色的地毯。毯子上，绿油油的庄稼随风摇摆，发出沙沙的响声，伴合着有节奏的汽车发动机的嘟嘟声，显得很和谐。毯子宽阔得出奇，无边无际，一个劲地向后退去。天气很热，车内的人很多，大家都高谈阔论，还不时地指着车外，不断地赞美着，只有我，贪婪地看着坦荡如砥的绿色原野，被这农村美好的景致迷住了。

以前步行五个小时的路程，现在却不知不觉中，只用一个小时就到了。我一下车，便走进一座崭新的城镇，心里就别提多么激动兴奋！故乡才别三年，可是它的变化远远地超过了时间的变化。三角镇以前只是个比较大的村子罢了，可是它摇身一变，如今可真称得上是一座城市了。你看吧，街道两旁，工厂的烟囱林立，铁器的敲打声，机器的轰鸣声，不断地在耳边回响。从前破破烂烂的叫卖摊子，现在已是漂亮的商店。从窗子何里望去，售货员们热情地招待着顾客；货架子上，各种物品应有尽有。看到这里的变化，我断定：在离三角镇十里的王庙坨——我生活过的乡村，一定也变了。急切的心情催促着我不能在三角镇久留。

出了三角镇，我往王庙坨走去。原先的道路是早就不见了，到处是蜘蛛网似的水渠，纵横交错，经一位农民伯伯的指点才知道，顺三角镇东边那条大干渠，一直就可以走到我的家。太好了，我们村旁也居然有水流过了。

我登上干渠，向四周眺望，整个田野都在我的眼下。干渠里的水缓缓地流着，被太阳光一照，内内发光，像一条条的银蛇，奔向田野深处。虽然今年的天气很旱，而庄稼却长得满好。油黑黑的老玉米长得很茁壮，从叶子下面吐出鲜艳的红缨；谷子穗还没有低头，可有尺来长，镐把粗细；高粱也都长得很高，好像他们都在比赛，看谁长得高似的，和风吹来庄稼的清香，我感到很凉爽。我走着，欣赏着渠两边的美景，心里波澜起伏，是多么地不平静呀！才短短的三年，在自己的故乡就看到了这许多新奇的事。报纸上也曾报导过赤河县的巨大变化，报导过赤河县的水利事业在抗旱中起了不可低估的作用，如今，我亲眼看到这一切，心怎么能平静呢？怎么能不为家乡的巨变而感到自豪呢？

村子就在眼前，越走近它，我的心越跳得厉害，越感到故乡的一切是那么亲切！真想去拥抱它，吻它。我想，故乡变了，故乡的人也一定变了。老乡们看到我这个在他们眼里是个小娃娃的同乡回来时，一定会把我围起来，亲热地问这问那的，一个个慈祥的面孔都朝我微笑，争先恐后地向我讲叙村子里的巨大变化。我不禁加快了脚步，去迎接那就要来临的欢乐。

13—6

　　不见故乡才三年，集中写当前看见的跟三年前完全不同，故乡的变化又大又快就显然了。末了第二节里说："如今我亲眼看到这一切，心怎么能平静呢？"这是真心话，凡是亲眼看到任何巨大变化的人都会说出这样的真心话。

我最爱的东西

北大附中初中三年级　余海星

每逢星期六，我回到家里，总先打开我的箱子，从箱子底部小心翼翼地抽出一个笔记本。看它有没有损坏，然后把它仔细地翻阅。每次都是这样。因为，它是我最珍爱的东西，是妈妈送给我的。

这个笔记本，是解放前妈妈在延安中央医院得到的奖品。它的封皮是用马粪纸做成的，纸已经发黄，只有封皮上的一个红五星和贴在五星上面的"红心长在"四个大字仍旧鲜艳无比。我是最喜欢这个红五星的。这个笔记本是妈妈已经用完了的，里面写满了字。翻开第一页，上面写着四个字："革命到底！"一看就知道这是妈妈的笔迹。再往下翻，便都是妈妈的工作记录。所有的记事都非常简单，甚至几句话就完了。但它更加引起了我的兴趣，使我深思，使我激动。

15-2

　　比如，有几行则是这样写的："今天我真高兴，我救活了一个小宝宝。""王大爷的病怎么样了？真使人着急，呆会儿，无论如何得去他那儿一趟。""今天开了一个讨论的会，题目是'革命者怎样对待革命'，许多同志发了言，表示要坚决革命到底，我真高兴极了……"看到妈妈的高兴事，也使我高兴。看到妈妈的着急的事，也使我着急。"妈妈多么好哇！"看着妈妈的笔记，我总是这样想。

　　有那么一页，每回我一翻到，就让它吸引住了。那一页上面写着几行大字，我能认出这不是妈妈写的，字迹不太好看，但是笔道是那么的重，足见写的时候用了很大劲，里面是藏着深厚的感情的。那是这样写的："蔡同志，谢谢您治好了我的病，我没有什么话可说的，我，我要坚决革命到底。"署名是"王老西"。"王老西"是谁呢？妈妈怎样治好他的病呢？这些我都想知道。我曾经向妈妈问过多次，但妈妈总是朝我轻轻那么一笑……

每当我看完这本笔记，我都激动万分。它好像给了我一种说不出的力量。这时妈妈的形象会突然出现在我的脑海里，越来越大，越来越高。这时再看看本上那颗红五星，只觉得它的光芒也更明亮了。

每当我看完它，都要在封皮上轻轻地撢一撢，不让一点灰尘落在它上面。然后，小心翼翼地托着它，好象托着的不是笔记本，而是一件珍贵的瓷器一样，慢慢地再把它放进箱子里。

我爱妈妈，我必珍爱这不平凡的笔记本。

摘录妈妈的简短笔记不过三则，妈妈的革命精神和服务态度就叫人可以想见了。摘录王老西写在笔记本上的两句话，其实也是写妈妈。

看这一篇，似乎余海星同学好久没见着妈妈了。如果能在适当的地方补说一两句，星期六回家总要拿出笔记本来看的事儿就见得自然了。

~~我家有了~~ 收 音 机

大兴县青云店中学初中三年级　　张瑞霞

(中午)放学回家，一进院子就听见屋里传出~~不~~歌声。我问："妈，谁在咱家唱歌呢？"~~妈在屋里回答~~

~~妈~~说："你爸爸买收音机~~来~~(了)。"~~当时，~~我还不太相信~~呢~~。走进屋里，一眼就看~~到~~(见)柜上摆着一台~~黄~~(淡)色收音机。弟弟趴在柜边上，看看这儿，摸摸那儿，两只大眼~~睁~~(睛)得圆圆的。妈妈坐在椅子上一边做针线，一边听唱歌，脸上露出笑容。我更是笑个不止，(出神地)听~~见~~那嘹亮的歌声，~~连吃饭都忘了~~(一会儿)。妈妈把饭放在桌上说："吃饭吧。"白白的大馒头冒着热气，炒豆荚，香喷喷的。

弟弟~~忙着~~(趴在)吃饭去了，我忙到他~~的地方~~(才趴的柜边上)去听，听~~它唱~~《洪湖赤卫队》插曲。听着听着，~~慢慢~~(嘴里)跟着哼起来。妈妈又~~一次~~催我吃饭，我才拿起馒头，边吃边听~~着~~。

~~当我~~听韩英唱到"彭霸天丧天良，把我的爹娘赶到洪湖上"

时,妈在一旁搭腔了,她说:"你听地主多可恶呀!天下的老鸹一般黑,没一个好东西。解放前地主都是这样,可把穷人坑苦了!哪象现在咱们还买匣子,坐在炕上就能听戏。……从前,谁看见过收音机什么样啊!"妈说着笑起来。我想:是啊,如今生产提高了,家家的生活都富裕了,劳动回来,坐在热炕上听戏,一家人说说笑笑多么快乐。另外我想:有了收音机管不少事,往常妈妈不识字,不看报,不知道当前的国内外大事,这回妈妈打开收音机就能听到新闻,它会一字一句地告诉妈妈当前的中印边界问题和古巴革命斗争情况。我呢,有空可以坐在它旁边,听它讲革命故事,朗诵,对我的学习会有多大帮助呀!现在我的作文水平还低,常听它讲些写作知识就可以提高了。我越想越高兴,我问妈:"买了收音机您高兴吗?"

妈说:"傻孩子,妈怎么能不高兴呢?先前我在家做活可闷得慌了。现在有它和我做伴,手里做着活听着戏,比到戏院里还强呢!"

~~此时~~ 听，收音机报告~~的~~时间是十三点整，已经到我上学的时~~候了~~ 听见。我往学校走去，路两旁悠扬的歌声伴送着我。这边传出 是 ~~了~~报告新闻，那边又送出了《红岩》小说的朗诵……啊！我们村 里很多人 ~~几乎每~~家都有收音机了！

这一篇写某一天回家吃午饭一段时间里的事儿，这一天爸爸买来了收音机。在这一段时间里，妈妈说的话，张瑞霞同学自己说的话和想的心思，实际上一定不止这些。这一篇只写跟收音机有关的比较有意义的谈话和想头，旁的都不写，这是善于取材。由于取材得当，张瑞霞同学家里有了收音机的欢喜就表现出来了。

末一节只是记实，却有余味。

图书在版编目（CIP）数据

跟叶圣陶学习评改作文：叶圣陶批改作文20例 / 叶圣陶, 叶至善编著. -- 北京：开明出版社, 2014.10（2024.10重印）

ISBN 978-7-5131-1788-3

Ⅰ.①跟… Ⅱ.①叶… ②叶… Ⅲ.①作文课－中学－教学参考资料 Ⅳ.① G633.343

中国版本图书馆 CIP 数据核字 (2014) 第 232051 号

项目策划：焦向英　柴小星
责任编辑：卓　玥

书　　名：	跟叶圣陶学习评改作文：叶圣陶批改作文20例
作　　者：	叶圣陶　叶至善编著
出 品 人：	陈滨滨
出　　版：	开明出版社
	（北京海淀区西三环北路 25 号　邮编 100089）
经　　销：	全国新华书店
印　　刷：	保定市中画美凯印刷有限公司
开　　本：	787mm×1092mm　1/16
成品尺寸：	185mm×260mm
印　　张：	5
字　　数：	20 千字
版　　次：	2014 年 10 月　北京第 1 版
印　　次：	2024 年 10 月　北京第 3 次印刷
定　　价：	36.00 元

印刷、装订质量问题，出版负责调换货　　联系电话：（010）88817647

AI智学带你学习
大师技法

科技赋能写作，焕启教育新章

微信扫码

AI学习助手

📝 **写作批改**
多维分析深度点评

📄 **同步范文**
学习掌握高分作文

学习资源

大师写作方法
技法指点，学习写作技巧。

教育辅导经验
家庭教育，提升语文素养。

教学资源

语文教学指导
经验技巧，升级教学质量。

名师治学理念
教育经验，成为时代『大先生』。